~~Scheiß~~ Online Dating

Loreen Blanke

~~*Scheiß*~~

Online Dating

(w/m/d)

Mit System, Sicherheit & Spaß
Online den richtigen Partner finden.

9. interessante Kapitel inklusive
Erfahrungsberichte der Autorin
zeigen Dir den richtigen & erfolgreichen
Umgang im Online Dating

Loreen Blanke

1. Auflage

Vorwort

In unserer schnelllebigen Zeit im 21. Jahrhundert gibt es mittlerweile sehr viele einsame Herzen. Kaum zu glauben – unsere Bevölkerung auf der Welt steigt, dennoch fühlen wir uns, gerade in den Industriestaaten, so einsam wie nie. Ist es ein Zeichen der oberflächlich erscheinenden Zeit, dass wir deshalb auch im Netz nach unserem Traum-Partner suchen?

Keine Frage – noch vor vielen, vielen Jahren lernten wir unseren späteren Ehepartner in der Schule, am Arbeitsplatz, bei Treffen mit Freunden oder in Vereinen kennen. Warum ist die Welt heute so kompliziert geworden und wir finden kaum noch bei persönlichen Kontakten im Alltag den Partner, der zu uns passt?

Dieses Buch ist für alle Frauen und Männer geschrieben, die auch schon im Chat einige Erfahrungen selbst gesammelt haben. Ist es wirklich immer leicht, die Spreu vom Weizen schon in der virtuellen Welt zu trennen? Jeder von euch, der bereits Online-Dating-Erfahrungen gesammelt hat, weiß, dass es viele Fake-Profile gibt. Doch – wie erkennst Du solche Profile?

So wird im Chat geflunkert und gelogen, bis sich die Balken biegen: Ich gebe Dir in diesem Guide ein paar gute Ratschläge dafür, wie Du Deine Zeit nicht vergeudest, sondern schon im Vorfeld herausfindest, mit wem sich der Chat für Dich lohnt.

Also: Lies bitte genau dieses Buch, wenn Du wichtige Spielregeln für die Partnerbörsen im Netz kennenlernen willst. Online-Dating ist die Zukunft. Wer weiß – vielleicht willst Du dieses Buch einem Bekannten oder Freund schenken, der sich bei Internet-Börsen angemeldet hat, jedoch nicht so richtig weiß, was hier auf ihn zukommt?

Der Ratgeber ist die Zukunft – für alle, die sich im Netz auf Kontaktsuche begeben. Halt – dieses Buch musst Du jedoch auch unbedingt lesen, wenn Du einfach neugierig bist. Neugierig, auf eine neue, oftmals fremdartige Welt im Chat, die doch in unserer schnelllebigen Zeit die Welt der Kontaktaufnahme erobern wird.

Ich selbst als Autorin habe einschlägige Erfahrungen gesammelt bei verschiedenen Partnerbörsen, die gratis sind oder einen Mitgliedsbeitrag kosten. Genau dies hat mich veranlasst, dieses Buch zu schreiben. Willst auch Du von meinem Erfahrungsschatz profitieren?

Doch dieses Buch ist nicht nur meine Lebens-Geschichte, in der ich dem absolut falschen Mann vertraut habe, Nein: Dieses Buch ist die Grundlage für alle, die Spaß und keinen Ärger mit Partner-Portalen erleben möchten. Lass Dich inspirieren, damit auch Du Deine wertvolle Zeit in Single-Börsen bestmöglich nutzen wirst.

Wetten, dass so keine Enttäuschung, sondern vielleicht sogar die Liebe Deines Lebens mit Chat entstehen kann?

Loreen Blanke

INHALTSVERZEICHNIS

EINLEITUNG

Keine Frage – die Uhr hat sich stark gedreht, was die Kommunikation von uns Menschen untereinander anbelangt. Während vor 15 oder 20 Jahren die Menschen noch fröhlich miteinander im Café saßen, um zu quatschen, hat man sich zu späteren Zeiten eher am Telefon ausgetauscht. Wie sieht es heute aus? Heute wird immer weniger miteinander kommuniziert.

Wer benutzt sein Handy schon, um miteinander zu reden? Vielmehr wird gechattet, „gefacebooked“, es werden bei Instagram, Twitter und Co die neuesten Infos gepostet, um sich viele virtuelle Freunde einzusammeln. Wir haben sie längst erobert (oder sie uns?) - die virtuelle Welt, in der kaum noch miteinander geredet wird, ohne in eine Tastatur bestimmte Buchstaben zu klopfen. Das Chatten – die neue Kommunikation unserer Zeit?

Ja – es wird miteinander kommuniziert, indem wir schreiben, chatten und uns persönlich miteinander austauschen. Doch wissen wir wirklich, wer unter welchem Namen schreibt oder Dinge von sich öffentlich im Netz preisgibt?

Fakt ist, dass in dieser neuartigen Welt es keine Seltenheit darstellt, dass wir auch im Chat neue Menschen kennenlernen. Hinter dem PC oder dem Smartphone können sich schüchterne Menschen verstecken, die sich vielleicht nicht in der Öffentlichkeit trauen, neue Menschen anzusprechen.In diesem Guide stelle ich euch ein paar Spielregeln vor, die ihr beachten solltet, wenn ihr erfolgreich bei Singe-Börsen chatten wollt.

Denkst auch Du, dass Du bereits beim Schreiben herausfinden kannst, ob Dein Gegenüber wirklich bereit ist, Dich kennenzulernen oder ob er Dich betrügen will? Wie kannst auch Du herausfinden, wer wirklich im Chat die Wahrheit sagt?

Ich liefere Dir in meinem Buch wichtige, gute Tipps, damit auch Du lernst, wie Du richtig bei Partner-Börsen unterwegs bist und so agierst, dass Dir Enttäuschungen erspart bleiben.
Ich bin mir sicher – wenn Du diesen Ratgeber genau beherzigst, wirst Du Freude am Flirten

finden und vielleicht sogar die Liebe Deines Lebens im Chat kennenlernen

In diesem Guide findet jeder von euch wichtige Ideen und Tipps, wie Du Spaß in der virtuellen Welt des Online Dating finden wirst, wie Du Fake-Profile schnell enttarnst und wie Du die Beschäftigung mit Internet-Börsen als wahre Bereicherung erleben darfst.

Neugierig auf einen 9. Punkte Dating-Ratgeber, der Dir wichtigen Input für Erfahrungen im Chat, vor dem ersten Date und während dem Treffen mit dem großen Unbekannten gibt? Ich lade Dich ein, Dich mit mir auf eine sehr spannende Entdeckungsreise von Single-Börsen zu begeben.

1. PROFIL ANLEGEN

Alles bei Internet-Börsen beginnt mit einem Profil. Egal, auf welcher Börse Du Dich im Netz auch anmeldest: Zu Beginn wirst Du mit Sätzen wie „Erzähle bitte mehr über Dich....“ oder „Gib alles von Dir bekannt, was Dein Gegenüber neugierig auf Dich macht“ aufgefordert, Deine Profildaten zu befüllen.

Eines vorneweg: Mein ganzes Buch basiert darauf, dass ich ehrliche Leser in meinem Leserkreis begrüßen darf. Insofern bitte ich auch Dich schon in Sachen Profildaten: Bitte gib die

Wahrheit von Dir preis, die eben zum Beispiel nichts mit Fotos zu tun hat, die nicht Dich darstellen.

Ein Foto ist die Grundlage, mit der sich jedes Gegenüber ein wichtiges Urteil und einen kleinen ersten Eindruck über Dich verschaffen kann. Genau aus dem Grund solltest Du in Sachen Bild von Dir folgende Grundregeln beachten:

Bitte stelle 1-5 Fotos von Dir ein, die aktuell sind.
Keine anzüglichen Sexfotos, bitte!
Bilder, die Dich bei einem bestimmten Hobby und vor allem mit einem Lächeln zeigen, sind Gold wert.
Stelle Bilder ein, die Dir selbst gut gefallen und Dich so zeigen, wie Du bist.
Die Aktualität von Fotos ist eine Selbstverständlichkeit.

Bei den Profildaten empfehle ich Dir, die Wahrheit zu sagen, jedoch nicht allzu viel von Dir zu verraten. Wenn Du also vollschlank und klein bist, stelle Dich nicht als große, schöne Gazelle dar. Schließlich bevorzugt es auch Dein Gegenüber ab und zu, dass er keinen

„Hungerhaken“ vorfindet und liebt es, wenn der neue, potentielle Partner etwas rundlich ist. Wie heißt es so schön? Lügen haben kurze Beine! So bitte ich Dich sehr darum, in Sachen Aussehen, Alter und persönlichen Interessen die Wahrheit zu verraten.

Wie sollte Dein Profiltext lauten?

Meist wirst Du aufgefordert, einen persönlichen Text von Dir im Profil einzustellen. Hier kannst Du Deiner Persönlichkeit freien Lauf lassen, allerdings sei soviel verraten: Texte wie „Ich bin so lange schon alleine und hoffe nun, auf diesem Weg endlich jemanden zu finden, der zu mir passt!“ oder „Nach so vielen Enttäuschungen hoffe ich, dass ich hier nicht wieder enttäuscht werde!“ klingen sehr frustrierend und negativ.

Natürlich gehören Enttäuschungen zu unserem Leben, doch versetze Dich einmal in die Lage eines Menschen, der Dich noch nicht kennt. Will er als Visitenkarte von Dir zu Beginn nur Deine Misere des bisherigen Lebens kennenlernen? Alles, was zu sehr nach „Jammertal“ klingt, ist, in meinen Augen, im Profiltext fehl am Platz. Allerdings sind auch Sätze wie „Lerne mich kennen und Du wirst es nie bereuen!" oder „Mir mir hat Du einen eloquenten, schönen, erfolgreichen und stylischen Partner fürs Leben an der Hand" meist zu selbstverliebt und wirken auf den ein oder anderen einfach zu arrogant. Auch hier zählt: Bleibe authentisch, erzähle das, was Du gerne machst im Leben und was Dir an einer Beziehung wichtig ist. Zu sexistische Profiltexte werden von den meisten Partner-Börsen abgelehnt, bitte achte also darauf, dass Du neugierig auf Dich machst und Dich selbst positiv darstellst.

Hier sind Sätze wie:

- *„Ich bin humorvoll und neugierig darauf, neue Menschen zu treffen. Was sich daraus entwickeln wird, haben wir selbst in der Hand!"*

- *„Ich reise gerne und kann mir vorstellen, die nächste Reise mit Dir zu unternehmen. Wohin würdest Du gerne mit einem unternehmungslustigen Menschen wie mir reisen?"*

- *„Die Zukunft haben wir beide selbst in der Hand – die Vergangenheit ist abgeschlossen! Bist Du neugierig auf eine spannende Zukunft mit einem treuen, ehrlichen Menschen wie mir?"*

Natürlich ist in Deinem Profiltext eines das A und O: Authentizität. Der Text muss zu Dir passen und genau das von Dir preisgeben, was Du einem Unbekannten erzählen willst.

Tipp:
Kalendersprüche wie: „Lebe jeden Tag genau so, als wäre es Dein Letzter" oder ähnliche Pauschalsprüche lassen sich meist Menschen einfallen, die sonst wenig Ideen finden. Davon rate ich deshalb ab – zeige, dass Du selbst in der Lage bist, etwas sinnvolles über Dich und Deine Persönlichkeit zu erzählen. In meinen Augen sollte der Profiltext auch nicht zu lang ausfallen – ohnehin lesen (leider!) im Chat nicht viele Menschen den Text, den Du selbst verfasst.

Wie sieht es mit den übrigen Profildaten aus?
Du kannst und solltest jetzt alles befüllen, was Du über Hobbys, Alter, Deine Interessen, Deine persönliche Lebenssituation, Deinen Beruf und viele weitere Themenfelder über Dich erzählen willst, nun in Deinem persönlichen Profil erfassen.

Hier lautet mein Tipp an alle: Nimm Dir in Ruhe Zeit, Dein Profil genau so anzulegen, damit Dein Gegenüber mehr über Dich herausfinden kann. Viele Partner-Börsen schlagen Dir, aufgrund Deiner Profil-Angaben, schon automatisch Menschen vor, die zu Dir passen könnten. Wenn Du zum Beispiel ein sportlicher Typ bist bringt es wenig, wenn Du einen Sportmuffel kennenlernst. Bitte erfasse Deine Hobbys, Deine Interessen in Sachen Kultur, Sprache und Freizeitaktivitäten aber auch Deine persönliche Lebenssituation.

Wenn Du also 2 Kinder hast, bitte schreibe dies in Dein Profil. Früher oder später weiß ein ehrlicher Mensch, den Du einmal persönlich kennenlernen willst, ohnehin, dass Du Familie hast. Schließlich haben viele Menschen, die sich im mittleren Alter befinden, eine Vergangenheit, hinter der man stehen muss, oder?

Allerdings warne ich Dich: Die Bezeichnung des genauen Arbeitgebers, Adresse, Telefonnummer oder sonstige genaue Infos gehören keinesfalls in die Profildaten. Ebenso rate ich ab, die Namen der Kinder zu nennen oder ansonsten über Dein Privatleben zu viele Details zu verraten. Doch zu diesem Thema – später mehr.

Vor allem solltest Du eines – bei der Erfassung Deines Profils ehrlich und klar sein. Wie viel Du von Dir dabei preisgeben willst, sei natürlich Dir selbst überlassen. Allerdings sollte Dir, gerade wenn Du eine Frau bist, folgendes klar bewusst sein: Kein Mann nimmt sich sehr viel Zeit, die Profile zahlreicher Frauen zu durchstöbern. Viele Männer sehen sich kurz die Fotos an, um dann schnell die Frauen anzuschreiben.

Natürlich gibt es auch Frauen, die sich meist nicht intensiv mit den Angaben auf dem Profilen der Männer beschäftigen. Schließlich ist das, was im Netz veröffentlicht ist, nicht immer so fundiert, oder? Letztendlich kommt es sowieso darauf an, wie sich ein Chat entwickelt, ob beide Menschen miteinander einmal telefonieren und wie das erste Date verläuft, oder?

Tipp:
Die Profilangaben sind wichtig – schon alleine aus dem Grund, damit Dir potentielle Partner aus Deiner Umgebung mit ähnlichen Interessen vorgeschlagen werden. Allerdings solltest Du nicht alles glauben, was andere Menschen über sich selbst im Profil verraten. Hier wird bereits oft geflunkert. Während Du selbst natürlich die Wahrheit von Dir preisgeben solltest, sieht es Dein Gegenüber nicht immer so eng mit diesem Thema.

Übrigens: Du musst auch nicht unbedingt ein Foto von Dir ins Profil einstellen, wenn Du das nicht möchtest. Alle Angaben über Dich im Profil kannst Du immer wieder abändern oder andere Bilder einstellen. Wenn Du Dich am Anfang herantasten willst und Schritt für Schritt entdecken willst, wie ein Chat überhaupt funktioniert, kannst Du erst einmal ohne Foto auftreten. Allerdings stehen die Chancen deutlich besser, wenn Du Bilder von Dir ins Netz stellst, dass Du attraktive Chatpartner kennenlernst.

Extra-Tipp:
Wie kannst Du vielleicht jetzt schon herausfinden, ob Dein Gegenüber reale Fotos von sich eingestellt hat?

Nicht selten werden wunderschöne Menschen bei Partner-Börsen dargestellt, bei denen Du Dir denkst: „Mann, so ein attraktiver Mensch – warum ist der denn Single?“

Vorsicht – nicht alle Fotos im Netz sind echt. Über einen Foto-Vergleich bei Google kannst Du herausfinden, ob das Foto vielleicht sogar im Netz unter anderem Namen oder unter gekauften Bildern zu finden ist. Der Vorteil im Internet besteht darin, dass jeder den Foto-Abgleich anwenden kann. So kannst Du vielleicht schon erste Betrügereien sehr früh entdecken.

2. SIND BEZAHLTE BÖRSEN BESSER ?

Viele Single-Börsen werben damit, dass sie erst einmal keinen Mitgliedsbeitrag berechnen. Ohnehin sind viele Partner-Börsen für Frauen oft völlig umsonst, während Männer von Anfang an einen Monatsbeitrag entrichten sollen.

Single-Börsen wachsen wie Pilze aus dem Boden – scheinbar gibt es allzu viele einsame Herzen in unserem Lande. Ob bezahlt oder unbezahlt: Letztendlich kannst nur Du selbst entscheiden, was Du im Netz suchst und ob Du Dich wohler dabei fühlst, als „Premium-Mitglied" zu bezahlen oder eine seriöse Börse auswählst, bei der jeder erst einmal wenig Geld bezahlen muss.
Was bedeutet es, Premium-Mitglied zu sein?

Hier kommt es darauf an: Manchmal genießt der User als Premium-Mitglied bestimmte Privilegien, die ein „normales“ Mitglied nicht mit sich bringt. So sind oft mehr Informationen über den Chatpartner ersichtlich oder es ist in unbeschränkter Menge möglich, Nachrichten auszutauschen. Da die Angebote verschiedener Internet-Börsen sehr vielseitig sind, musst Du selbst herausfinden, welche Partner-Börse genau zu Dir passt.

Allerdings ist es auch bei Gratis-Portalen durchaus möglich, mit ein paar eingehaltenen Spielregeln im Chat den Traumpartner kennenzulernen. Die Qualität eines menschlich fundierten Kontaktes hängt von den Menschen ab – nicht davon, ob die Partner-Börse Geld kostet oder nicht.

Im Netz sind außerdem mittlerweile einige spezielle Börsen zu finden, die zum Beispiel eine Menschengruppe mit bestimmten Vorlieben zusammenführen soll. So gibt es speziell für Homosexuelle Internet-Börsen, ebenso auch für spezielle Sex-Vorlieben, die nur auf eines bauen: Auf den Seitensprung zwischendurch.

Jeder sollte sich also im Vorfeld genau darüber informieren, welche Börse zu ihm passen könnte. Außerdem will ich an dieser Stelle nicht bewerten: Wer ehrlich und klar kommuniziert, was er will und was nicht, spielt nicht mit den Gefühlen der anderen. Wie heißt es so schön? Ehrlich währt am Längsten! Genau aus diesem Grunde finde ich, dass jeder Chat, der auf einer ehrlichen Basis stattfindet, mehr als fair für das Gegenüber ist.

Übrigens:
Viele Partnerbörsen werden alleine von einem großen Konzern betrieben. Sie arbeiten miteinander zusammen und geben sich gegenseitig gute Bewertungen. „Deutschlands Nummer eins" sind natürlich oft sehr werbewirksame Maßnahmen, die Mitglieder anziehen sollen. Insofern solltest Du Dich nicht von großen Portalen mit besten User-Berichten blenden lassen.

Allerdings sei Dir eines an dieser Stelle gesagt: Wenn Du Dich in einer soliden, gut bewährten Börse anmeldest, die unter Umständen gar nichts für Dich kostet, hast Du wenig zu verlieren.

Schließlich ist die Löschung des Profis schnell erledigt, wenn Dir der Chat, die Profile der anderen oder das sonstige Handling nicht gefällt.

3. RICHTIG CHATTEN

Bevor Du mit dem Chatten jetzt bald so richtig loslegst, solltest Du eines überdenken: Deine innere Einstellung! Wenn Deine Profil-Daten jetzt vollständig angelegt sind, ist es also in der Regel wichtig, dass die Daten vom Anbieter abgesegnet werden. Somit wird in einem ersten Schritt von einem seriösen Portal-Anbieter überprüft, ob Deine Angaben und Dein Profiltext seriös klingen und ab diesem Moment der Genehmigung der Text mit Fotos für andere User ersichtlich wird.

Nun kann es schon losgehen mit dem Flirten, dem Chat und dem Kennenlernen von vielen neuen, durchaus interessanten Menschen, oder?

Halt – im Vorfeld ist nun eines wichtig: Überdenke Deine eigene Einstellung zum Chat. Wenn Du verbissen und mit großen Erwartungen darauf baust, jetzt schnell nur tolle Menschen und vielleicht sogar den idealen Partner zu finden, der genau zu Dir passt, hast Du meist schon verloren. In meinen Augen zählt: „Keep cool!"

Nur wenn Du ohne Erwartungen und mit einer lockeren Einstellung Dich an den Chat heranwagst, stehen die Chancen gut, dass Du gute Erfahrungen sammeln wirst. Bitte wehre Dich gegen Verbissenheit! Freue Dich darauf, locker zu chatten und setzte Dir zum Motto: „Alles kann, nichts muss!"

Gewöhne Dir an, wachsam und mit Argusaugen zu chatten – viele wichtige Regeln dafür erfährst Du in meinem Buch.

Doch zu Beginn ist es mir wichtig, dass Deine innere Einstellung passt. Bleibe locker und lass

Dich von neuen Menschen begeistern. Bitte streiche alles aus Deinem Leben, was das „verkrampfte Suchen nach dem Traumpartner" signalisiert!

Wenn Du diese Grundregeln beachtest, kannst Du also langsam mit dem Chatten loslegen. Dabei ist es Dir selbst überlassen, ob Du potentielle Partner anschreiben willst oder den ersten Schritt dem Gegenüber überlässt. Eine Tatsache solltest Du wissen: Als Frau wirst Du, gerade wenn Du neu angemeldet bist, meist regelrecht mit Nachrichten zu Beginn überschütten. Männer haben es hier oft schwerer – so sind sie aufgefordert, den ersten Schritt zu unternehmen.

Der Vorteil im Chat besteht darin, dass gerade viele Schüchterne sich hier an eine neue Begegnung herantrauen können, die sich im realen Leben schwer damit tun, Menschen anzusprechen. Allerdings gilt es von Anfang an, richtig zu chatten und beim Flirten Spaß zu haben. Schließlich sollte auch für Dich die Anmeldung bei Partner-Börsen Freude bereiten und Du willst dabei neue, interessante aber ehrliche Menschen kennenlernen, oder?

Ein Chat erlaubt vieles – es werden Smilies, kleine Zwinker-Flirtpunkte oder Herzen bei Single-Portalen hin und hergeschickt. Hier lässt jedes Partner-Portal ganz andere Möglichkeiten zu. Diese Symbole, auch Emojis genannt, dienen der einfachen Kontaktaufnahme und helfen vielen dabei, den ersten, unverbindlichen Schritt zu unternehmen. Allerdings gelten diese Emojis, die Du sicher auch von WhatsApp und Co kennst, auch als etwas oberflächlich.

Wenn es nun darum geht, per Mai oder in schneller funktionierenden Chats mit dem anderen Nachrichten auszutauschen, solltest Du folgendes beachten:

Bleibe Du selbst, schreibe so, wie es zu Dir passt. Ein unverbindliches „Hallo, wie geht es Dir?“ ist eine gute Frage.
Vermeide Floskeln wie „Dein Profil-Text ist ja ganz interessant“, wenn Du diesen nicht gelesen hast.
Eine kurze Vorstellung mit Namen ist immer gut. Schreibe Deinem Gegenüber aus einen ehrlichen Grund heraus, warum Du gerade ihn anschreibst. Ich gebe Dir zu diesem Thema im Anschluss noch ein paar Ideen mit an die Hand.

Höflichkeit ist das oberste Gebot.
Gewöhne Dir an, das Heft im Chat in der Hand zu behalten.
Gebe, gerade zu Beginn, niemals zu viel von Dir preis. Schließlich weißt Du noch gar nicht, mit wem Du es zu tun hast.

Am Anfang ist ein anfängliches „Hallo“ oder Small-Talk über Wetter oder allgemeine Themen sicherlich O.K. Small-Talk ist immer die Eintrittskarte für eine sinnvolle Kommunikation. Doch wie geht es dann weiter?

Nun gehe ich etwas näher auf genau diese Punkte ein. Es ist elementar wichtig, dass Du keinesfalls zu Beginn wichtige Fakten über Arbeitgeber, Deine Telefonnummer oder andere intime Dinge von Dir preisgibst. In Sachen Telefonnummer bietet es sich, gerade wenn Du auf Nummer sicher gehen willst, immer an, dass Du Dein Gegenüber vielleicht später mit unterdrückter Nummer anrufst.

Man weiß nie, was mit Deiner Telefonnummer sonst passieren kann. Mobbing, Stalking und andere Probleme kann man vor allem dann vermeiden, wenn Du niemals zu viel von Dir persönlich erzählst. Gerade Frauen neigen leider dazu, viel zu viel schon im Chat zu quatschen.

Auch wenn Dir meine Vorschläge jetzt als zu vorsichtig erscheinen, denke ich, es zählt die Tatsache: „Vorsicht ist die Mutter der Porzellankiste!" Vertrauen kann nicht in der virtuellen Welt entstehen. Vertrauen muss wachsen, wenn Du einen Menschen gesprochen und vielleicht persönlich getroffen hast.

Doch beim ersten Date sind wir noch längst nicht. Du solltest im Vorfeld im Chat die Spreu vom Weizen trennen – meine Tipps werden Dir dabei sicher helfen. Wie behältst Du in Sachen Informations-Austausch das Heft in der Hand? Ganz einfach: Stelle Du die Fragen! Lass Dich nicht ausfragen – und bedenke immer, dass Du Dein Gegenüber selbst kennenlernen willst. Wie heißt es so schön? Wer fragt, der führt.

Deshalb sind, in meinen Augen, unverbindliche Fragen eine gute Gelegenheit, Dein Gegenüber bereits in der virtuellen Welt besser kennenzulernen. Hierbei eignen sich die berühmten „W-Fragen" sehr gut.

Ein paar Beispiele dafür:

- *„Wie geht es Dir? Bitte erzähle mehr über Dich…"*
- *„Was hat Dich dazu geführt, Dich auf dem Portal XY anzumelden?"*
- *„An was bist Du in Sachen persönlicher Entwicklung interessiert?"*
- *„Was suchst Du hier?"*
- *„Warum hast Du mich angeschrieben?"*
- *„Wie stellst Du Dir ein ersten Date vor?"*

Natürlich müssen diese Sätze immer zu Dir passen und Du solltest auch ernsthaft, schon anhand der Profil-Angaben, an Deinem Chatpartner interessiert sein. Bitte höre hierbei auf Dein Herz, auf Dein Gefühl und auf den ersten Eindruck. Dieser ist meist Gold wert – auch im Chat.

Du bist ein gutgläubiger Mensch? Vertraue eben, gerade im Chat, nicht allen Informationen, die Dir serviert werden. Lass Dich bitte nicht ausfragen, wenn Du sehr vorsichtig agieren willst. Stelle Du die Fragen und nicht umgekehrt.

Nicht selten eignen sich gerade Frauen zu Beginn einen anderen Namen an. Wenn Du also erst als Petra anstatt als Saskia agierst und es bei einem eventuellen Treffen erklärst, warum Du Dich nicht gleich zu Beginn outen wolltest, ist das absolut O.K. Wenn Du es selbst ernst meinst und ehrlich bist, kannst Du sicherlich zum Beispiel eine anfängliche Namensabweichung oder die Tatsache, dass Du nicht sofort Deine Telefonnummer preisgeben wolltest, gut erklären.

Vorsicht:
Nach meiner Erfahrung solltest Du auf ellenlange, sehr sentimentale Mails, die gerade von Menschen kommen, mit denen Du noch gar keinen Austausch pflegtest, nicht positiv reagieren. Sie wirken oft theatralisch und überzogen, kein Mensch verliebt sich in Fotos oder im Chat. Gerade jedoch Männer versuchen oft, ihr Gegenüber mit Sätzen zu beeindrucken wie:

- *„Wow! Dein Profil unterscheidet sich ja völlig von dem der anderen! Du scheinst ja etwas ganz Besonderes zu sein!“*

- *„Bist Du das wirklich auf den Fotos? Ich habe kaum so eine schöne Frau gesehen, gibst Du mir Deine persönliche Mail-Adresse, damit wir hier weiterschreiben können?“*

- *„Dich schickt der Himmel! Du bist genau die Person, die ich seit Monaten gesucht habe!“*

- *„Dein Profiltext zeigt mir, dass wir eine sehr tiefe Seelenverwandtschaft haben!“*

Solche oder ähnliche Texte wirken überzogen. Dabei musst Du wissen: Viele User kopieren ein und dieselbe Nachricht und schicken diese an zig andere Teilnehmer im Chat. Wenn von 20 Frauen 2-3 davon schon positiv reagieren, haben sie schon potentielle Opfer an der Hand, die sie gegebenenfalls nur als Spielball benutzen.

Ich will in meinen Buch hier sicher nicht alles schlechtreden. Es gibt sicher viele Menschen, die die Liebe in Partner-Portalen für sich entdecken und erleben. Allerdings gibt es ebenso viele Scharlatane, die als 18-jährige Ferien-Jobber gelten, und professionell für Betrüger arbeiten. Sie schreiben immer wieder nach dem genau gleichen System ihre Opfer an und versuchen dabei, die erste Eintrittskarte für Betrügereien zu erhalten.

Es gibt Menschen, die sich bei vielen Single-Börsen anmelden, um sich gut zu verkaufen und Menschen Geld aus der Tasche ziehen möchten oder sich mit späteren Erpresser-Fotos bereichern wollen. Genau deshalb kannst Du hier schon im Vorfeld aussortieren, damit Du solchen Betrügern nicht in die Karten spielst und Dich und Deine Seele davor schützt.

Fakt ist – kein Thema ist so emotional besetzt wie die Liebe. Wenn wir als einsames Herz in jedem Alter den Partner fürs Leben im Chat suchen, wird diese Einsamkeit oft schamlos ausgenutzt. Aus diesem Grunde ist es gut, dass Du mein Buch liest und Du hierbei so vorsichtig agieren lernst, dass Du Dich selbst vor Betrug schützt. Dann kann der Suche für die wahre, echte Liebe nichts mehr im Wege stehen. Was spricht dagegen, andere Aussagen auf Plausibilität hin zu hinterfragen?

Bleibe dabei Du selbst und scheue Dich nicht, mehr Fragen zu stellen als Antworten zu liefern. Gebe niemals am Anfang zu viel von Dir preis und überprüfe durchaus die ein oder andere Aussage vom Gegenüber, ob diese der Wahrheit entsprechen kann.

4. WIE ENTKOMME ICH FALLEN?

Wie Du sicher schon gemerkt hast, ist nicht alles gut oder schlecht bei Börsen im Netz, die Singles zusammenführen sollen oder die Dir neue Kontakte ermöglichen. Es gibt eben kein schwarz oder weiß – das Glück liegt, wie so oft im Leben, in der goldenen Mitte.

Allerdings können auch hochintelligente Menschen in jedem Alter auf Betrug in Internet-Börsen sehr schnell hereinfallen. Betrüger agieren geschickt und wissen, wie Sie die User um den Finger wickeln. Damit auch Dir das nicht passieren wird, solltest Du Dich selbst in Sachen „gesunder Menschenverstand“ coachen. Ich empfehle Dir hierbei, wie bereits gesagt: Sei erst einmal sparsam mit Informationen. Diese kannst

Du später, in einem Telefonat, immer noch von Dir Deinem Gegenüber weitergeben.

Allerdings liefere ich Dir in diesem Kapitel ein paar wichtige Ideen dazu, wie Du selbst Fallen schon im Vorfeld auf die Schliche kommst. Wann sollten bei Dir die Alarmglocken schrillen und Du musst ein hohes Maß an Wachsamkeit an den Tag legen?

Wenn extrem schöne Menschen in Profilfotos überzeugen und Dich in übertriebenen Sätzen (siehe Punkt 3) anschreiben, solltest Du erst einmal Skepsis beweisen.
Dich schreibt eine 25-jährige wunderschöne Exotin an und Du bist als Mann mit Mitte 50 auf der Suche nach einem neuen Anfang in Sachen Partnerschaft? Bitte lass Dich nicht von solchen Mails beeindrucken!
Das Thema Sex sollte zu Beginn eines Chats niemals zur Sprache kommen, es sei denn, Du bist bei einem speziellen Sex-Portal angemeldet.
Bitte sei vorsichtig, wenn ein erfolgreicher Art aus Deutschland sich gerade im Auslandseinsatz für Ärzte ohne Grenzen agiert, und sich in Dich verliebt hat.

Überzogene, erfolgreiche Berufsbilder wie „Haupt-Offizier, der gerade in Deutschland ist" der Anwalt mit Mitte 50, der seine Frau lange als Pflegefall betreute oder die Schauspielerin, die so enttäuscht wurde, sollten Dich skeptisch stimmen.
Bitte vertraue gerade am Anfang stets auf Deinen gesunden Menschenverstand. Was kann echt sein und was ist gefaket?

Nun geht es darum, herauszufinden, wer die Wahrheit sagt und wer nicht. Wenn zum Beispiel Dein Gegenüber Dir erzählt, dass er nur immer am Abend chatten kann oder zu bestimmten Tagen, spricht viel dafür, dass er ein Doppel-Leben führt. In der heutigen, mobilen Welt mit Smartphones und Co kann man von überall aus schreiben oder telefonieren. Ohnehin empfehle ich Dir, Dir früher oder später in einem Telefonat selbst von Deinem Gegenüber ein faires Bild zu machen. Wer auf Dauer nur chattet, weil er sich auf so einem wichtigen Auslandseinsatz befindet, sollte Dich nicht überzeugen. Schlage Du Telefontermine vor, wenn es Dein Gegenüber wirklich ernst meint und an Dir ehrliches Interesse bekundet, kann er sich auch darauf einstellen.

Skeptisch solltest Du auf alle Fälle bei Äußerungen reagieren, die mehr als theatralisch klingen. Ein paar Beispiele, die es nicht selten zu diesem Thema im Netz zu finden gibt:

Die Frau lag mit einem Schlaganfall im Pflegeheim der Partner kümmerte sich so aufopfernd um diese Person. Die Kosten für das Heim waren doch größer als gedacht – Du wirst um finanzielle Hilfe gebeten, dabei bist Du natürlich die Liebe fürs Leben.
Schöne, exotische Frauen bitten um Kosten für den Flug zur Familie, die im Erdbeben versunken ist.

Du sollst früher oder später im Chat sexuell anzügliche Fotos von Dir verschicken, obwohl Du die Person noch nicht gesehen hast.

Ich fasse es zusammen: Immer wenn es, obwohl Du Dein Gegenüber noch niemals gesehen hast, (Gründe dafür können zum Beispiel Auslandsaufenthalte oder theatralisch ausgedrückte Krankheitsgeschichten sein) solltest Du unbedingt bei folgenden Themen absolute Vorsicht bewahren: Geld und Sex! Gebe niemals Fotos von Dir preis, die sehr intim sind oder überweise gar Geld für Flüge oder Katastrophen-Bewältigung.

Allerdings ist Cyberkriminalität ein Thema, das immer neue Felder mehr als geschickt aufgreift. Das fatale in diesem Gebiet ist ja, dass es Betrügern mit Ihren glaubhaft dargestellten Geschichten mehr als leicht fällt, ihre kreativen Geschichte geschickt zu ihrem Vorteil zu nutzen. Wenn wir in der Presse davon lesen, sind oft Monate, oft Jahre, vergangen. Genau deshalb lege ich jedem Menschen, auch wenn er noch so intelligent und wachsam ist, ans Herz: Lass Dich von unglaublichen, sehr emotionalen Geschichten nicht beeindrucken. Letztendlich zählt nur eines: Die Realität. Doch zu diesem Punkt wirst Du später noch mehr Details erfahren.

Google und Co machen vieles möglich

Bitte nutze auch Du das Netz, um Dir so früh wie möglich von Deinem Gegenüber ein objektives Bild zu machen. Google seinen Namen – was ist im Netz über die Person wirklich zu finden? Wie positioniert sich die angegebene Firma gegenüber Deinem Chatpartner? Welche Bilder gibt es im Internet zu finden?

Eines steht fest: Das Internet vergisst selten Informationen. Wenn also der super-erfolgreiche Geschäftsmann als Arzt bei Ärzte ohne Grenzen sein Können für die Allgemeinheit einsetzt, findet man vermutlich auch Informationen über diese Person im Netz.

Achtung:
Soziale Netzwerke, in denen jeder über sich das äußern kann, was er will, bieten keinerlei Objektivität. Was jedoch Dritte von uns in der Öffentlichkeit in der virtuellen Welt kundtun, entspricht in der Regel eher der Wahrheit.

Ich will jetzt nicht alles schlechtreden, was Internet-Börsen betrifft. Mit ist es nur ein tiefes Bedürfnis, dass Du Dich gegen Cyberkriminalität schützt und nicht, irgendwann Monate oder Jahre später, Dich mit Selbstvorwürfen wie: „Wie konnte ich nur....“ quälst.

Tipp:
Die meisten Portale und Börsen, die Menschen zueinander führen sollen, lassen es zu, dass Du „komisch erscheinende Profile“ sofort sperren lässt. Somit ist kein Kontakt mehr zu Dir im Chat möglich. Genau aus diesem Grund heraus ist es auch wichtig, keine privaten Email-Konten oder Telefonnummern im Chat zu früh mitzuteilen.

Außerdem ist es seriösen Portalen selbst ein tiefes Bedürfnis, sich von Fake-Profilen zu schützen. Genau deshalb solltest Du Dein Feedback melden und dem Anbieter mitteilen, wenn Du denkst, es ist ein Scharlatan oder Betrüger am Werk. Solche User werden oft sofort enttarnt und es ist ihnen unter Umständen nicht mehr möglich, sich mit ihrer IP-Adresse bei dem Portal anzumelden. Natürlich werden derartigen Profile von vielen Seiten aus betrachtet erst beleuchtet – doch dann ist die Handlung des Anbieters mehr als konsequent und richtig.

In jedem Falle ist eines wichtig: Blockiere auch Du „Seelenvampire“ die Dich zu sehr in Beschlag nehmen und Dich nur materiell oder emotional ausrauben möchten.
Narzissten, Pseudologen und Psychopathen (all

diese Menschen leiden an einer Persönlichkeitsstörung und nutzen durch Cyberkriminalität andere User aus) gibt es an allen Ecken und Enden. Selbstschutz ist gefragt!

5. DIE SPIELREGELN

Dass Du, wenn Du Dich bei einem Partner-Portal angemeldet hast, eher vorsichtig agieren solltest, ist Dir sicherlich jetzt nicht mehr neu. Allerdings möchte ich in diesem Kapitel vor allem darauf eingehen, wie Du Dich speziell auf das Alter zugeschnitten verhalten solltest. Dabei ist es in meinen Augen das A und O, dass Du Dich selbst schützt und so richtig Spaß am Flirten findest.

Bitte beachte stets die Grundregeln, damit Dir der Spaß, neue Leute auf eine moderne Art und Weise kennenzulernen, nicht verloren geht. Was spricht dagegen, dass Du Dich mit folgenden Spielregeln selbst schützt und auf Dich dabei achtest?

Allgemeine Regeln im Alter von ca. 20-30:

In dieser Altersgruppe überwiegt oft die Unbeschwertheit bei uns Menschen. Wir posten, schicken Fotos umher und denken uns dabei, dass es spannend ist, neue Leute zu treffen. Denkst Du Dir, auch Du kannst Deinen Traum-Partner im Chat kennenlernen? In diesen jungen Jahren, in denen Du Dich jetzt befindest, solltest Du Dich niemals bei Fotos zu freizügig zeigen. Außerdem bereitet es durchaus Sinn, eine solide Freundin, die Eltern oder einen anderen Vertrauten in Deine Chat-Erfahrungen einzuweihen.

Bitte denke beim ersten Date nicht an Sex – das Thema sollte noch warten. Treffe Dich natürlich an einem neutralen Platz, in der Disco, vor dem Kino oder im Café beim ersten Date.

Gerade in dieser Altersgruppe ist es mehr als wichtig, sehr sorgsam mit Deinen Informationen umzugehen und Dich keinesfalls für den schnellen Sex oder andere billig wirkende Aktionen herzuschenken. All dies kann Dir in der Folgezeit zum großen Verhängnis werden.

Die wichtigsten Spielregeln für die Zielgruppe im Alter von ca. 30-55 Jahren:

In dieser Altersgruppe suchen sehr viele Leute über Internet-Portale den Partner fürs Leben. Oft steht die Karriere nicht mehr im Vordergrund dieser Menschen. Daneben gibt es gerade bei dieser Zielgruppe viele alleinerziehende Mütter, die nicht viel auf Tour gehen können, um sich nach neuen, potentiellen Partnern live umzusehen. Während in jüngeren Jahren noch die unbeschwerte Party-Laune siegt, ist es bei dieser Zielgruppe manchmal schon schwieriger, aufgrund familiärer Situation und beruflicher Stellung in der Freizeit unterwegs zu sein.

Viele Menschen in diesem Alter kümmerten sich bisher vor allem um die Ausbildung, um die familiäre und berufliche Existenz und stehe oftmals schnell wieder als Single dar. Genau deshalb sind viele User in diesem Alter bei Partner-Börsen angemeldet. Befinden auch Sie persönlich in diesem Alter und überlegen sich, im Netz nach neuen Kontakten mit Zukunft zu suchen? Dann sollten Sie sich folgende Dinge genau durchdenken:

Bitte sind Sie vorsichtig mit Daten über Arbeitgeber, Kollegen und beruflicher Stellung. Gerade in diesem Alter suchen viele verheiratete den Seitensprung und geben sich als Single aus. Überprüfe bitte die Angaben deshalb sehr genau bezüglich Plausibilität.
Persönliche Daten, wie zum Beispiel Details über Kinder oder Deine Familie, sind ein absolutes Tabu im Chat.
Stelle viele Fragen an Dein Gegenüber bei denen Du herausfinden kannst, wer wirklich mit Dir chattet.

Überweisungen von Geld im Chat? Bitte lass es bleiben – das riecht mehr als anrüchig.
Was ist von einem One-Night-Stand zu halten? Natürlich kannst Du als Single Deine sexuelle Freiheit genießen. Wenn Du es jedoch ernst meinst in Sachen ehrliche Partnersuche, hat es Zeit, den Sex miteinander zu genießen.
Gerade Frauen sollten sich niemals zu billig herschenken.
Männer, die in Partner-Börsen nach der Frau fürs Leben suchen, müssen wissen: Behalte Deine finanzielle Situation erst einmal für Dich.

Natürlich sind diese beispielhaften Regeln im Grundsatz für alle Menschen gültig und eigentlich sehr logisch erklärbar. Dennoch ist es in diesem Alter nicht unüblich, aus einer „Torschlusspanik" rund um Familiengründung und Co nicht achtsam mit sich umzugehen. Deshalb solltest Du stets mit Sinn und Verstand vorgehen, auch wenn Dir das Blaue vom Himmel im Chat versprochen wird.

Zum Beispiel fallen für Single-Frauen, die mit ca. 40 Jahren noch an die Familiengründung denken, folgende Sätze ins Gewicht.

„Auch ich will noch Familie gründen – wir sollten darauf nicht länger warten und uns unbedingt schnell treffen!"
„Kinder sind das Glück auf Erden. Wir zwei werden geniale Eltern sein!"

Alles, was im Netz „schnell gehen soll" ist genauso fehl am Platz, wie pausenloses chatten, das nie zu einem Treffen führen wird. Willst auch Du Deine Zeit nicht mit den falschen Menschen vergeuden? Dann beachte bitte genau diese Regeln.

Regeln für einsame Herzen ab ca. 55 Jahren

Gerade in diesem Alter hast Du viel von Deinem Leben bereits erlebt, oder? Wenn Du Dich in diesem Alter befindest, sind meist die Kinder aus dem Haus, Du bist verwitwet oder einfach schon lange auf der Suche nach der richtigen Liebe. Die ein oder andere Enttäuschung liegt bereits hinter Dir genau deshalb solltest Du Dich jetzt auf die Hinterbeine stellen, damit Du nicht als einsames Herz im Alter endest, das seinen Kinder zu sehr zur Last fällt. Denkst auch Du vielleicht genau so?

Aus diesem Grund ist es sehr entscheidend, dass Du Dich einerseits traust, Dich in der „neuen Welt im Internet" auf Partnersuche zu begeben, Dich jedoch andererseits schützt, Opfer von Enttäuschungen zu werden. Wer will schon gerne über den Tisch gezogen werden? In meinen Augen ist deshalb vor allem diese Zielgruppe in Gefahr, weil sie sich mit den Details im Internet nicht auskennt und es noch von der „guten alten, Zeit vor mehr als 30 Jahren" kennt, den Traumpartner auf natürliche Art und Weise zu treffen.

Vor allem jedoch bringen Menschen in diesem Alter oft eines mit: Finanziellen Backround! Gerade Rentner, die ein Leben lang fleißig gearbeitet haben und dadurch ein paar Euro angespart haben, sollten im Netz mit einem hohen Maß an Achtsamkeit mit Informationen unterwegs sein.

Bist Du um die 65, besitzt ein Einfamilienhaus das schuldenfrei ist und hast durch einen Schicksalsschlag Deinen Partner verloren? Während viele Menschen euphorisch den Song von Udo Jürgens „Mit 66 Jahren...." verinnerlichen, sollten sie darauf achten, dass die Gutgläubigkeit nicht überhand nimmt. Alleine schon der Fakt, dass Dein Mann als angesehener Angestellter verwitwet ist und Du im Besitzt des Reihenhäuschens am Stadtrand bist kann darauf schließen lassen, dass Du Geld besitzt.

Gerade, wenn dann einer Frau ca. 10 Jahre jüngere Männer Honig um den Mund mit großartigen Komplimenten schmieren, sollten alle Alarmglocken klingeln. Es ist nicht selten an Tagesordnung, dass genau Chatpartner, die diese Frauen kontaktieren, es nur auf eines abgesehen haben: Auf Dein Geld!

Natürlich gilt dieser Aspekt auch für alle Männer: Schöne, deutlich jüngere Frauen, möchten alles von Dir wissen, weil Du sie neugierig machst und Du bist ein Mann von ca. 58 Jahren? Manchmal sind genau diese Frauen vor allem auf eines neugierig: Auf Deinen materiellen Hintergrund.

Wer jedoch wirklich im zweiten Lebensabschnitt eine ehrliche Liebe sucht, sollte vor allem eines gebieten lassen: Wachsamkeit und, gerade zu Beginn im Chat, sparsame Informationen über das eigene Leben.

Ich betone es erneut: Stelle bitte Du die Fragen und nicht umgekehrt. Finde über Dein Gegenüber alles heraus, was Dich persönlich interessiert und lass Dich keinesfalls ausfragen.

Regeln für alle Altersgruppen, die sich in Dating-Profilen angemeldet haben:

Bitte scheue Dich nicht, eine vertraute Person in Deine Chat-Erfahrungen mit einzuweihen. Es ist weder peinlich noch musst Du Dich dafür schämen, wenn Du Dich bei einer Single-Börse angemeldet hast. Es ist, wie immer im Leben: Vier Augen sehen mehr als zwei Augen. Weihe eine Dir vertraute Freundin oder ein Familienmitglied ein, um über Deine Erlebnisse im Chat zu berichten. Genau diese Vorgehensweise kann auch Dich davon abhalten, Opfer einer Enttäuschung zu werden.

Außerdem solltest Du eines im Auge behalten: Kontaktiere bald den Chatpartner persönlich und lass Dich nicht ausschließlich auf virtuelle Kontakte ein. Eine Stimme sagt mehr als viele Sätze, die im Internet untereinander ausgetauscht werden. Doch dazu in den folgenden Kapiteln mehr für Dich...

Schließlich willst auch Du, dass Du den Traumpartner im Netz oder zumindest nette, reale Menschen kennenlernst, mit denen Du Deine Freizeit oder Dein ganzes Leben verbringen kannst, oder?.

6. NO GO´S IM CHAT?

Obwohl es jedem Leser jetzt etwas merkwürdig erscheinen mag, dass ich hier auf besondere Punkte noch einmal explizit eingehe, solltest Du Dir dieses Kapitel nicht entgehen lassen. Gerade weil es so logisch und schlüssig klingt, wird hier von vielen Usern leider nicht mit genügender Sorgsamkeit vorgegangen.

Ich betone es immer wieder und wieder: Es geht um das emotionalste Thema im Leben: Um Deine Liebe! Wenn Du also hier ab und zu den Verstand ausschalten wirst, ist dies für jeden normalen Menschen einfach Alltag. Schließlich ist es auch schön, sich zu verlieben, oder?

Natürlich wollen wir Menschen uns wirklich sehr viele Träume erfüllen – doch genau hierin lauert die Gefahr. Wenn Du es Dir so sehr wünschst, Deinen Traumpartner im Netz zu finden, lässt Du Dich vermutlich auch recht leicht ausnutzen.

Genau aus diesem Grunde solltest Du stets Wachsamkeit agieren lassen. Überweise keinem Menschen, den Du nicht näher kennst, Geld! Kaum zu glauben – gerade Betrüger, die im Netz mehr als professionell unterwegs sind, wissen, wie schnell man Menschen um den Finger wickelt. Sie chatten mit Dir, telefonieren vielleicht sogar mit Dir im richtigen Augenblick und sehen Dich sehr schnell als eines: als potentielles Opfer, das sie für ihre Zwecke missbrauchen können.

Auch sehr schlaue und bedachtsame Menschen sind bereits auf Cyberkriminelle hereingefallen. Chat-Betrüger verstehen ihr Handwerk – deshalb solltest Du niemals urteilen mit Sprüchen: „Wie kann man nur so dumm sein!“

Natürlich darfst Du auch niemals sehr intime Fotos von Dir preisgeben. Früher oder später kannst Du sehr leicht damit erpresst werden. Nicht selten haben erwachsene Rentnerinnen aus einer Peinlichkeit heraus, von sich selbst Nacktfotos einem „Arzt, der gerade in Australien lebt“ geschickt zu haben, anstandslos Geld überwiesen. Genau deshalb solltest Du, ganz egal, was Dir User im Netz erzählen, stets sorgfältig und achtsam mit allen Informationen umgehen.

Hier stelle ich Dir nochmals **alle No Go´s** in einer Zusammenstellung auf, die ich persönlich als sehr wichtig erachte:

- Keine zu persönlichen Daten und Informationen über Dich und Dein Leben.
- Sex und Geld sind tabu – wenn Du Dich mit ehrlichen Chatpartnern oder vielleicht der Liebe des Lebens treffen willst.
- Verrate niemals Deine genau Adresse, intime Daten über Dich, Deine Familie oder Deinen Arbeitgeber im Chat.
- Stelle Du möglichst viele offene Fragen. Wer fragt, der führt!
- Beleidigungen oder anzügliche Bemerkungen im Chat darfst Du Dir nicht gefallen lassen.
- Bitte blockiere den User sofort und melde diesen dem Anbieter.
- Du wirst mit einer besonders theatralischen, emotionalen Geschichte wie Krankheit oder

Geldsorgen bombardiert? Glaube erst einmal Deinem Gegenüber kein einziges Wort!

- Dauerhafte Ausreden, warum es zu keinem Telefonat oder Treffen kommt, musst Du Dir nicht anhören. Wer Dich kennenlernen will, wird Dich auch nicht vertrösten und an der langen Leine verhungern lassen.
- Chatpartner, der gerade im Ausland ist? Bitte sei vorsichtig – alleine diese kleine Tatsache stinkt schon ganz gewaltig – vor allem, wenn Du Dir immer wieder merkwürdige Geschichten dabei anhören musst!

Natürlich ist diese kleine Liste der No Go´s noch nicht vollständig. Überall agieren Betrüger – dabei wächst das Thema Cyberkriminalität immer weiter und weiter. Betrüger kommen auf die kreativste Ideen, um schuldlose, gutgläubige User über den Tisch zu ziehen.

Bei allem, was Dir komisch vorkommt, rate ich Dir deutlich und von tiefstem Herzen: Ziehen eine Vertrauensperson hinzu, sei wachsam und schalte Deinen Verstand nicht aus. Wer es ernst in Sachen Liebe meint, wird auch bereit sein, um Dich zu kämpfen.
Allerdings sei an dieser Stelle auch einmal gesagt:

Nicht hinter jedem Menschen steckt ein Betrüger. Wer nur noch mit Angst und in Panik agiert, sollte sich gar nicht bei einer Partner-Börse anmelden. In der Tat gibt es immer wieder zahlreiche, ehrliche Freundschaften, die im Internet entstehen. Außerdem liegt es längst im Zeichen unserer modernen, schnelllebigen Zeit, sich in der virtuellen Welt im Netz kennenzulernen. Somit rate ich Dir an, natürlich grundsätzlich mit einem hohen Maß an Offenheit und dennoch mit Vorsicht an das Thema „neue Menschen über das Internet kennenlernen" heranzugehen! Wetten, dass somit nichts mehr schiefgehen kann?

Damit Du im Netz durchaus viele positiven Erfahrungen sammelst, gehe ich in den folgenden Kapiteln näher darauf ein, wie Du mit System das finden kannst, was Du aus tiefstem Herzen heraus suchst: einen Menschen an Deiner Seite, der zu Dir passt! Neugierig darauf, wie genau Du dabei vorgehen solltest?!

7. MIT SYSTEM ZUM ONLINE PARTNER

Kommen wir nun zu den erfreulichen Dingen, die für Dich in Single-Börsen in Aussicht stehen. Schließlich ist es längst ein mehr als gängiger Weg, über das Internet neue Kontakte zu knüpfen. Bei Dating-Portalen ist es üblich, wie bereits dargestellt, sich über Chats, Smilies und Co, auf Teufel komm raus zu flirten. Nicht umsonst macht flirten Spaß – wer von uns hört nicht ab und an gerne ein persönliches und ernst gemeintes Kompliment?

So kann es auch im Chat durchaus vorkommen, dass Du mit Freude und Elan gerne schreibst, flirtest und Du schon alleine darin eine schöne

Freizeitgestaltung siehst. Allerdings solltest Du keinesfalls vergessen: die Realität findet wohl kaum in einem Chat im Netz statt. Letztendlich gibt es viel zu viele sehr schüchterne Menschen, die sich nicht aus dem Hause trauen und in der virtuellen Welt bei Dating-Portalen ihre Freizeit gestalten. Diese Zielgruppe möchte sich auf eines nie im Leben einlassen: auf ein real stattfindendes Treffen.

Es liegt nun ganz alleine an Dir zu entscheiden, was Du im Netz wirklich suchst und willst. Wenn auch Du ausschließlich am Abend vor dem Laptop sitzen willst und Dich darin bestärkst, virtuelle Kontakte zu pflegen, ist das Dating-Portal ein idealer Treffpunkt für viele einsame Herzen. Allerdings sieht die Realität oft ganz anders aus.

Die meisten Menschen suchen in einer Single-Börse nur eine Eintrittskarte, die zum persönlichen Treffen führt. Wenn Du also im Chat Deine potentiellen Partner für die Liebe oder für die Freizeitgestaltung gefunden hast, sollte man miteinander telefonieren und sich bald einmal persönlich kennenlernen, oder? Dies wäre im Normalfall der Schlüssel zum Glück – denn wer sich nur hinter dem Bildschirm versteckt und nicht auf die Straße geht, um neuen Menschen kennenzulernen, wird zu Hause auf Dauer versauern.

Daran ändert auch die moderne Welt des Internets nichts – ganz im Gegenteil: Durch die Möglichkeiten, die das Netz uns Menschen bietet, verkriechen sich immer mehr Menschen hinter dem Bildschirm. Kannst Du hier wirklich neue Kontakte knüpfen und vielleicht sogar die Liebe des Lebens kennenlernen? Nein – sicher nicht!

Aus diesem Grunde ist es, in meinen Augen, sicherlich erstrebenswert, bald ein Telefonat mit einem Chatpartner zu planen. Schließlich besagt eine Stimme mehr als 1000 geschriebene Worte, oder? Deshalb gilt: Wenn Dich ein Mensch wirklich interessiert, suche das baldige Gespräch mit ihm.

Wenn ihr euch dann sympathisch findet, könnt ihr gern den Kontakt systematisch ausbauen. Dabei ist es sicherlich von Vorteil, einen Chat-

Partner aus Deiner unmittelbaren Nähe zu kontaktieren. Schließlich soll der Mensch, der Dich neugierig macht, nicht am anderen Ende von Deutschland wohnen, oder?

Außerdem macht es Sinn, Menschen in ähnlichem Alter, mit ähnlichen Hobbys und einer Lebenseinstellung zu kontaktieren, die Dir sehr nahekommt. Doch auch hier gilt – es kommt im Leben oftmals ganz anders, als Du es vermutest.

Wenn Du einen Menschen sympathisch findest, tausche Dich mit ihm aus. Wenn Du dabei sehr vorsichtig agieren willst, behalte Du das Heft in der Hand und melde Dich bei ihm mit unterdrückter Rufnummer.

Andererseits ist es heute mehr als üblich, sich per WhatsApp auszutauschen. Hier erfährst Du automatisch die Handy-Nummer Deines Gegenübers – allerdings sei auch gesagt, dass Du per WhatsApp jeden Menschen schnell wieder löschen oder gar sperren kannst. Somit wäre jede weitere Kontaktaufnahme unterbunden, wenn Du Menschen aus Deinem Bekanntenkreis streichen willst.

All diese Tatsachen sprechen für sich – lass Sinn und Verstand walten und agieren mit Vorsicht. Sei jedoch offen für neue Menschen, die Dein Leben bereichern können. Die richtige Balance in der Mitte zu finden – ist dies nicht die Kunst des Lebens? Ja – diese Weisheit gilt durchaus auch für alle möglichen Single-Börsen und die User, die es ehrlich meinen. Vertraue auf Dich, auf Deine innere Stimme und weihe Freunde und Bekannte in Dein Vorhaben ein. Dann kann sicher nichts mehr schiefgehen.

Du bist jetzt an dem Punkt, an dem ihr euch telefonisch mehrmals ausgetauscht habt und schöne Nachrichten verschickt? Du hast also auch immer noch einen mehr als guten Eindruck von Deinem Gegenüber? Dann steht einem ersten Date sicher nichts mehr im Wege, oder?

Auch hier gilt: Wenn Du nicht in der virtuellen Welt, sondern in der Realität den Sinn einer Single-Börse siehst, dann solltest Du Wert auf das erste Date legen. Wenn Du hier mit Achtsamkeit und Bedacht vorgehst, steht einem positiv verlaufenden Treffen sicher nichts mehr entgegen, oder?

Genau aus diesem Grund liefere ich Dir in meinem nächsten Kapitel sehr viele, überaus wichtige Informationen zum Thema des ersten Treffens.

Ich fasse es nochmals zusammen:
Wenn Ihr euch im Chat sympathisch seid, tauscht euch einmal in einem persönlichen Gespräch miteinander aus. Wenn Du auf Nummer sicher gehen willst, gebe hierbei nicht sofort Deine Telefonnummer preis. Bitte gebe auch am Telefon niemals zu viele Informationen von Dir bekannt. Agiere so, wie es Dein Sinn und Verstand erlaubt und höre auf Deine innere Stimme! Flirten am Telefon macht jedenfalls sehr sehr viel Spaß, oder?

8. DAS ERSTE DATE & TREFFEN

Wenn Du jetzt mit Deinem Chatpartner bereits am Telefon nett geplaudert hast und ihr euch beide sympathisch seid, steht dem ersten Treffen nichts mehr entgegen, oder? Ich empfehle Dir, jetzt vor allem eines ganz entscheidend zurück zu schrauben: Deine Erwartungen.

Gerade wenn wir dem ersten Live-Treffen mit großen Hoffnungen und einem bestimmten Bild ans Gegenüber begegnen, ist die Gefahr groß, dabei Enttäuschungen zu erleben. Bitte merke

Dir also folgenden Grundsatz: „Ich bin locker, erwarte nichts und will nur einfach einen neuen Menschen kennenlernen!“ Wenn das Treffen nicht die Erwartungen erfüllt, hast Du nur eines verloren: Ein wenig Zeit.
Wer hofft und bangt, vor dem ersten Treffen, der sollte wissen: Du hast nur ein Date vor Dir, bei dem Du noch gar nichts im Vorfeld über den Verlauf sagen kannst. Die Chancen stehen gut, auf einen sympathischen Menschen zu treffen – bitte interpretiere jetzt, von Deiner inneren Einstellung aus betrachtet, nicht mehr in dieses spannende Treffen. Schließlich hast Du nichts dabei zu verlieren, oder?

Jetzt gilt es, noch ein paar Regeln einzuhalten, damit Du beim ersten Date keine bösen Überraschungen erleben wirst. Sicher ist es jetzt sehr aufregend für Dich, auf einen ganz neuen Menschen zu treffen, oder?

Deshalb gilt für viele Menschen, dass sie sich genau auch optisch perfekt für dieses Treffen richtig stylen möchten. Zu diesem Thema kann ich Dir folgende Tipps nahelegen:

Bleibe bei Dir: trage das Outfit, indem Du Dich wohlfühlst. Du solltest Dich dem Anlass entsprechend stylen. Wenn ihr am Sonntag Nachmittag in eine Café geht, wäre es fatal, hier im schicken Abendkleid zu erscheinen. Wer jedoch an der In-Bar am Abend den Cocktail zusammen genießen will, darf sich ruhig als Frau im heißen Kleid mit High Heels präsentieren.

Im Grundsatz gilt: Sei als Frau niemals zu sexy beim ersten Date, es sei denn, Du willst ihn wirklich: Den One-Night-Stand.
Zuviel Make up wirkt unnatürlich – außerdem sollten Männer niemals zu viel After Shave oder Parfum benutzen. Alles, was ein „Zuviel“ darstellt, wirkt künstlich.

Mach Dir nicht zu viele Gedanken um Deine optische Erscheinung. Wichtig ist, dass Du so auftrittst, wie Du Dich oft im Alltag gibst. Schließlich kommt früher oder später Dein wahres Ich zur Erscheinung, oder?

Auffällige Frisuren, ein Zuviel an Schmuck oder unangemessene Kleidung wirken überzogen. Du willst auf natürliche Art und Weise einen neuen Menschen kennenlernen. Hierbei ist es einfach wichtig, so zu sein, wie Du Dich wohlfühlst. Eine gepflegte Erscheinung ist natürlich sehr wichtig. Dass Du frisch geduscht, ordentlich frisiert und gut gekleidet bist, ist eine Selbstverständlichkeit.

Extratipp:

An alle Männer: Bitte achtet auf schöne Schuhe und ein ordentliches Outfit, darauf achten viele Frauen einfach!

An alle Frauen: Männer mögen oft natürlich wirkende Frauen. Dabei kann eine enge Jeans sehr sexy wirken, wogegen ein zu enges Kleid und ein zu freizügiger Ausschnitt oftmals billig wirkt.

Was ist der richtige Ort für das erste Date?
Jetzt geht es ans Eingemachte – ihr seht euch bald zum ersten mal – das ist mehr als ein spannender Augenblick, oder? Genau aus diesem Grunde solltest Du einen Treffpunkt nicht vorschlagen: Das eigene Zuhause! Natürlich ist es auch ein absolutes No Go, eine Einladung zu einer wildfremden Person in seine Wohnung oder in sein Haus anzunehmen. Ein neutraler Platz ist

deshalb ein guter Treffpunkt für das erste Date. Vermeide es bitte, Dich am Abend in dunklen Ecken zu verabreden, die fast keine Menschendichte aufweisen.

Was ist besser? Treffe Dich an einem öffentlichen Platz, vor dem Kino, in einem Café, vor einem Kirchturm oder an ähnlichen Punkten, die jedem von uns geläufig sind. In meinen Augen solltest Du dabei auf Dein Herz hören: Wenn Du skeptisch bist, weihe ruhig eine gute Freundin ein, das erste Treffen von der Ferne aus zu beobachten. Alles, was komisch wirkt, kann ein Dir Vertrauter Mensch vielleicht besser erkennen, als Du selbst.

Was ist noch wichtig?
Pünktlichkeit ist das A und O, damit Du beim ersten Date einen guten Eindruck hinterlässt. Außerdem ist es wichtig, dass Du natürlich ein Erkennungsmerkmal mit Deinem Gegenüber vereinbarst, an welchen Merkmalen ihr euch erkennt, wenn die Fotos Dich nicht so genau gezeigt haben.

Beispielsweise kann es helfen Sätze im Vorfeld auszutauschen wie:

- „Ich trage heute einen knallgrünen Mantel"
- „Ich habe bei dem Wetter einen schwarzen Schirm mit dabei!"

So ist es klar, wer Dein Gegenüber ist, oder?

Wenn ein Mann als Charmeur gelten will, kann er als Erkennungsmerkmal seinem Date auch eine Rose schenken. Allerdings muss dies nicht sein – es kommt hierbei auch sehr entscheidend auf das Alter der Frau und auf Deinen Eindruck von ihr an. Bei jungen, modernen Ladys kann die Rose á la Bachelor sogar altbacken wirken. Es gilt die Weisheit, die fast immer im Leben zählt: bleibe authentisch.

Nun gilt es, dem spannenden Augenblick mit natürlicher Aufregung entgegenzufiebern. Das ist nicht so einfach. Wichtig ist, Dich im Vorfeld abzulenken. Sei bitte beim ersten Date so locker wie es geht. Ich weiß – das ist einfach gesagt als getan. Dennoch ist es sowieso in der Regel erkennbar, dass die Aufregung im Laufe des Treffens von sich aus verfliegt.

Welche Aktionen eignen sich für das erste Date?

Hier kannst Du neutrale Dinge mit Deinem Chatpartner vereinbaren, die euch beiden Spaß machen. Das kann ein langer Spaziergang, ein Kneipenbesuch oder ein gemeinsames Essen im Restaurant sein. Trefft euch in einem Café, in dem ihr euch gut unterhalten könnt. Wie sieht es mit Kino aus? Natürlich könnt ihr euch auch dazu verabreden, einen Film gemeinsam anzusehen, der euch beide interessiert. Allerdings sollte ja der Austausch und das persönliche Kennenlernen im Vordergrund stehen, oder? Deshalb eignen sich für die allererste Begegnung in meinen Augen nicht unbedingt Veranstaltungen, bei denen ihr euch nicht miteinander unterhalten könnt.

Wie sieht es mit gemeinsamen, sportlichen Aktionen aus? Natürlich kann man sich auch beim ersten Date zu einer Berg- oder Klettertour verabreden. Du solltest jedoch eines dabei bedenken: Es sollte das Gespräch in der Zweisamkeit im Vordergrund stehen. Deshalb ist ein erstes Kennenlernen oft vom Erfolg gekrönt, wenn es dabei vor allem um eines geht: Um eure erste Begegnung.

Nun stelle ich Dir noch ein paar weitere Fragen fürs erste Date mit den passenden Antworten vor, die Dich sicherlich interessieren werden.

Soll ich fürs erste Date eine weite Reise auf mich nehmen?
Keine Frage – das erste Treffen kann manchmal mit ein wenig Aufwand verbunden sein. Hierbei sage ich Dir: Höre bitte auf Dein Herz und Dein Gefühl. Wenn Du eine lange Zugfahrt oder eine weite Anreise mit dem Auto auf Dich nehmen willst, um Mr. X oder Mrs. Superfrau kennenzulernen, solltest Du schon ganz sicher davon ausgehen, dass das Treffen auch stattfindet. Schließlich sind lange Reisen auch mit Kosten und Zeitaufwand verbunden. Deshalb sollte sich hierbei der Aufwand für Dich in Grenzen halten. Des weiteren macht es durchaus auch Sinn, sich irgendwo in der Mitte zu treffen, oder? Warum sollte nur einer 200-300 km Anreise auf sich nehmen?

Je kleiner der Aufwand für Dich, desto kleiner die Enttäuschung, wenn sich das erste Date für Dich (in Deinen Augen natürlich) nicht gelohnt hat!

Wie sieht es in Sachen Bezahlung beim ersten Treffen aus?
Natürlich kann in unserer emanzipierten Welt jeder selbst bestimmen, den anderen einzuladen oder sich auch einladen zu lassen. Allerdings solltest Du Dich bei Gelegenheit dafür revanchieren können.

Sex beim ersten Date?
Wie schon oft in dieser Lektüre erwähnt: In meinen Augen ist es ein absolutes No Go, beim ersten Date gemeinsam Sex auszuleben. Jeder, der es ehrlich und ernst meint, hat Zeit mit dem ersten Sex. Wenn Du natürlich den One-Night-Stand suchst, steht der schnellen Nummer nicht im Wege, oder?Allerdings solltest Du auch hier darauf achten, Dich unbedingt zu schützen. Bitte besorge also im Vorfeld Kondome, damit Du später den Sex nicht bereust.

Natürlich ist es Dir selbst überlassen für einen One-Night-Stand Dein Gegenüber mit nach Hause zu nehmen oder ein Hotelzimmer zu buchen. In jedem Falle sollte Dir eines bewusst sein: Wenn Du bei der ersten Begegnung mit Deinem Gegenüber bereits intim bist, spricht nicht sehr viel dafür, dass Du auch eine langfristige, solide Beziehung suchst.

An alle Frauen: Lasst eure Herzen erobern, schenkt euch nicht für jeden Partner sofort her. Kann der erste Sex nicht warten?

An alle Männer: Zeigt eurer neuen Errungenschaft, dass es euch keinesfalls nur auf den schnellen Sex ankommt.

Wie solltest Du Dich beim ersten Date verhalten?
Natürlich will sich jeder, der es ernst mit seiner Begegnung meint, von seiner besten Seite zeigen. Dabei ist es wichtig, dass Du Dich weder betrinkst noch sonst in irgendwelche Unarten verfällst.

Außerdem ist es in meinen Augen für alle Menschen, egal welchen Alters, enorm wichtig, sich selbst gegenüber Achtsamkeit walten zu lassen. Nicht selten werfen Betrüger in den Drink an der Bar des In-Schuppens K.O.-Tropfen und führen im Schilde, dass sie das augenscheinliche Liebesglück von Anfang an erpressen, belügen oder ausrauben wollten. Sexuelle Straftaten sind nicht selten dadurch entstanden, dass das erste

Date nach einem „so netten und harmlosen Chat“ über ein virtuelles Portal in einem Fiasko geendet sind.

Deshalb gilt, nicht nur an alle Frauen:

Der Appell:
Bitte weiht lieber eine Freundin in das erste Date mit ein, betrinkt euch nicht und verhaltet euch lieber zu bieder und zurückhaltend als viel zu offen und freizügig.

Tipp:
Natürlich sollen diese Regeln fürs erste Date eine reine Vorsichtsmaßnahme sein. Ich bin mir sicher – auch für Dich kann die Liebe fürs Leben über ein Partner-Portal beginnen. Doch Cyberkriminalität ist der beste Nährboden für Psychopathen, Narzissten und Kriminelle. Auch Eltern sollten bei ihren minderjährigen Kindern (diese dürfen sich jedoch noch nicht in einer Partner-Börse anmelden) stets mit Argusaugen darauf blicken, welche Fotos sie in den sozialen Netzwerken posten und mit welchen Menschen sie sich im Chat beschäftigen.

9. NACH DEM ERSTEN DATE

Die Tatsache, dass Du mein Buch bis zum letzten Kapitel gelesen hast, spricht für Dich: Ich freue mich, dass auch Du Dich in Sachen Single-Börsen umfassend informieren willst. Klasse – Du nimmst es also durchaus ernst mit dem Thema „Finde Dein Liebe fürs Leben im Netz“ oder „Knüpfe neue, ehrliche Kontakte über die virtuelle Welt im Internet.“

Übrigens ist es ein mehr als gängiger Spruch im Internet „Alles kann – nichts muss“ zu äußern. Mit dieser lockeren Einstellung empfehle ich Dir auch, an das Thema Kontaktsuche im Netz heranzutreten. So können eine Freundschaft, eine große Liebe, eine nette Begegnung oder auch ein paar unverfängliche Flirts entstehen. Diese

Chance kannst Du für Dich nutzen – bleibe bitte locker, was sich aus eurer ersten Begegnung entwickeln kann.

Dein erstes Date ist nun vorbei und Du denkst Dir, dass Du die kleinen, flatternden Schmetterlinge im Bauch schon in Dir trägst? Auch jetzt, nach dem ersten, erfolgreichen daten, solltest Du bitte nicht nur noch mit der rosaroten Brille durch die Welt marschieren. Allen Menschen, die zu schnell mit Dir zusammenziehen möchten, die Dich jede Sekunde ihres Lebens vermissen, in denen Du nicht bei ihnen bist und die Dir die große Liebe suggerieren, solltest Du mit Vorsicht begegnen. Warum?

Geschickte Psychopathen zeigen sich darin, dass Sie schnell viel zu viel wollen. So möchten sie nach einem halben Jahr mit Dir bereits vor den Traualtar treten. Sie kontrollieren jeden Schritt, den Du gehst, angeblich aus „so großer, unsagbarer Liebe zu Dir“. Diese Art von Menschen tummeln sich im Netz und haben nur eines im Sinn: Als Heiratsschwindler oder

egoistische Narzissten Dich zu benutzen.
Dazu muss ich sagen, dass ich selbst auf einen Heiratsschwindler hereingefallen bin. Der Tyrann hat mich psychisch, physisch und körperlich drangsaliert und ausgebeutet. Während er nach 3 Jahren ins Ausland abtauchte, blieb mir ein riesiger Scherbenhaufen voller Probleme.

Die Ehe wurde, zum Glück, auch ohne sein persönliches Erscheinen, annulliert. All dies sei jetzt nur am Rande erwähnt, ich will nicht alle Menschen von meinem Schicksal beeinflussen. Allerdings weiß ich, dass der Anteil der Narzissten und Psychopathen bei ca. 5 – 20 % liegt, egal ob Mann oder Frau: Jeder kann im Netz über den Tisch gezogen werden. Das Erwachen fällt mehr als böse aus!

Zurück zum Zeitpunkt nach dem ersten Date
Was ist jetzt sehr wichtig für Dich?
Bitte behalte klaren Kopf, vor allem wenn alles „so schnell gehen muss“ und Dir der Himmel auf Erden versprochen wird.

Alle Alarmglocken sollten in Dir schrillen, wenn folgende Dinge nach der ersten Begegnung im Chat eintreffen:

- Dein Partner will Tag und Nacht bei Dir sein und lässt Dir kaum Luft zum atmen.
- Du fühlst Dich oftmals kontrolliert und vereinnahmt von dem neu in Dein Leben getretenen Menschen.
- Am liebsten will er Dich bereits nach ein paar Monaten vor den Traualtar schleppen.
- Er agiert mit Macht über Dich.
- Die neue Liebe Deines Lebens will alles von Dir kennenlernen, lässt Dich kaum noch alleine.
- Du wirst überhäuft mit liebevollen, persönlichen Geschenken.
- Das Tempo der Entwicklung eurer Liebe ist rasend schnell.

Du siehst an diesen wenigen Hinweisen: All dies kann darauf hinweisen, dass Du es nicht mit der wahren Liebe des Lebens zu tun hast. Vertrauen und eine Liebe kann, ja sie muss sogar, langsam wachsen. Auch aus einer ersten Verliebtheit heraus muss man schließlich nicht gleich zusammenziehen oder rechtliche Konsequenzen im Sinne einer Heirat eingehen, oder?

Mein Tipp am Ende meines Buches an Alle:

Genießt euer Liebesglück, das langsam wachsen und entstehen darf. Bleibt bitte dennoch ihr selbst, lasst euch nicht euer bisheriges Leben nehmen. Obwohl ich kein Fan von abgedroschenen Sprüchen bin, zählt in meinem Augen in Sachen Liebe folgende Tatsache:

Liebe ist Nähe, die nicht erstickt
...Distanz, die nicht entfremdet und
...Freiheit, die nicht verletzt.

Mit dieser gesunden Mischung kannst auch Du sie im Netz entdecken – die Liebe fürs Leben! Natürlich ist es auch eine gute Möglichkeit, sich mit Freundschaften, die Du über das Internet geknüpft hast, eine solide Freizeitgestaltung zu ermöglichen.

Ich wünsche Dir beim Flirten, Daten und Chatten vor allem eines: Viel Spaß und zwei wachsame Augen. Dann kann einer spannenden, intensiven und durchaus ereignisreichen Zeit bei Single-Börsen nichts mehr im Wege stehen!

Deine Loreen Blanke

FAZIT

Du siehst: Jetzt bist auch Du ein Profi in Sachen Dating! Lese Dir das Buch ruhig öfter durch. Schließlich ist Wachsamkeit im Voraus besser als das böse Erwachen am Ende einer nicht funktionierenden Beziehung, oder?

Wetten, dass das Online-Dating auch für Dich zur einer sehr spannenden Zeit in Deinem Leben werden kann?

Deine Loreen Blanke

HAFTUNGSAUSSCHLUSS

Das vorliegende Werk enthält lediglich die Meinungen und Ideen des Autors. Die darin enthaltenen Informationen wurden sorgfältig und nach bestem Gewissen recherchiert. Dennoch wird nicht jeder Leser/jede Leserin wird mit dem Inhalt des Werkes zufrieden sein und es gibt keine Garantie für gleiche oder ähnliche Ergebnisse bei jedem Leser.

Der Autor übernimmt keine Gewähr für die Vollständigkeit, Aktualität, Korrektheit und Qualität der im Werk enthaltenen Informationen. Auch Druckfehler und Fehlinformationen können nicht vollständig ausgeschlossen werden. Die Benutzung des Werks und die Umsetzung der darin enthaltenden Informationen erfolgt ausdrücklich auf eigenes Risiko. Haftungsansprüche gegen den Autor für Schäden materieller oder ideeller Art, die durch die Nutzung oder Nichtnutzung der Informationen bzw. durch die Nutzung fehlerhafter oder unvollständiger Informationen verursacht wurden, sind grundsätzlich ausgeschlossen. Für etwaige Schäden kann der Autor aus keinem Rechtsgrund eine Haftung übernehmen.

IMPRESSUM

1. Auflage 2019

Kontakt:

Meontra Verlag C.Hietsch

Dumstr. 42

98639 Metzels

Foto: depositphotos

Cover: Fiverr.com

Printed in Poland
by Amazon Fulfillment
Poland Sp. z o.o., Wrocław

86623767R00054